BOEKANALYSE

AF153921

Verloren Illusies

· · · · · · · · · · · · · ·

HONORÉ DE BALZAC

BOEKANALYSE

Geschreven door Magali Vienne
Vertaald door Nikki Claes

Verloren Illusies

• •

HONORÉ DE BALZAC

HONORÉ DE BALZAC

FRANSE SCHRIJVER

- **Geboren in Tours in 1799.**
- **Overleden in Parijs in 1850.**
- **Opmerkelijke werken:**
  - *De Chouans* (1829), roman
  - *Eugénie Grandet* (1833), roman
  - *Vader Goriot* (1835), roman

Honoré de Balzac was een van de belangrijkste Franse schrijvers van de 19e eeuw. Als jongeman veroverde hij een plaats in de wereld van de Parijse aristocratie en werd al snel een vaste waarde in het sociale leven. Hij werd al snel geruïneerd door een reeks rampzalige zakelijke ondernemingen en zijn decadente levensstijl, en kon de enorme schulden die hij had opgebouwd alleen afbetalen door schrijver te worden, een roeping die hij met veel enthousiasme en ijver nastreefde.

Zijn hoge literaire ambities brachten hem ertoe een monumentaal werk te beginnen dat bekend staat als *La Comédie Humaine* ("De Menselijke Komedie"), dat bestaat uit meer dan 90 romans en novellen en tot doel heeft een uitgebreid portret te schetsen van de 19e-eeuwse Franse samenleving met een mate van detail die zelfs de officiële burgerlijke stand kan evenaren. De bekendste romans uit de serie zijn *Eugénie Grandet* (1833) en *Vader Goriot* (1835).

Balzac wordt beschouwd als een van de grondleggers van de moderne realistische roman.

VERLOREN ILLUSIES

BALZACIAANS REALISME OP ZIJN BEST

- **Genre:** roman
- **Referentie-uitgave:** Balzac, H. (2004) *Verloren illusies*. Trans. Huwelijk, E. [Online]. Urbana: Project Gutenberg. [Accessed 27 July 2018]. Beschikbaar via: < http://www.gutenberg.org/ebooks/13159>
- **1e editie:** 1837-1843
- **Thema's:** literaire salons, liefde, journalistiek, wraak, uitvinding

De romans van *La Comédie Humaine* zijn verdeeld in drie grote categorieën: de *Études de mœurs*, de *Études philosophiques* en de *Études analytiques*.

Verloren illusies valt in de categorie *Études de mœurs*, en meer bepaald in de subcategorie *Scènes de la vie de province* ("Scènes uit het plattelandsleven"). Deze roman, geschreven tussen 1836 en 1843, is een van de langste werken die Balzac ooit schreef, en is een coming-of-age dat veel autobiografische elementen bevat. Het vertelt het verhaal van twee jonge intellectuelen, van wie de ene droomt van succes als auteur, terwijl de andere hoopt op een revolutie in de grafische industrie in zijn geboortestad Angoulême.

De roman werd door een vervolg, *Splendeurs et misères des courtisanes* (verschillend vertaald als "De pracht en praal van courtisanes" of "Een hoer hoog en laag"), dat in serie werd gepubliceerd tussen 1838 en 1847. Sommige van de secundaire personages in *Lost Illusions staan* ook centraal in andere romans in *La Comédie Humaine*, waaronder Mlle. des Touches in *Béatrix* (1839).

SAMENVATTING

DEEL 1: TWEE DICHTERS

Lucien Chardon en zijn jeugdvriend David Sechard werken samen bij een drukpers. Na de dood van zijn vader, de stadsapotheker, heeft Lucien zich moeten aanpassen aan een meer bescheiden levensstijl en moet hij leven van de inkomsten van zijn moeder, een voormalige aristocrate die haar fortuin heeft verloren, en zijn zus Eve. In zijn vrije tijd schrijft Lucien gedichten en probeert hij voet aan de grond te krijgen in de hogere kringen van Angoulême. Uiteindelijk wordt hij toegelaten tot de salon van Mme Louise de Bargeton, waar hij wordt uitgenodigd om zijn werk voor te lezen. Lucien wordt al snel het voorwerp van veel jaloezie van de andere leden van de salon, zowel vanwege zijn mooie uiterlijk als vanwege de steeds flagrante aandacht die Mme. de Bargeton hem schenkt. Dit wekt vooral de woede op van Baron Sixte du Chatelet, die Mme de Bargeton tot zijn minnares wil maken. Chatelet keert daarom de high society van Angoulême tegen Lucien en probeert hem in diskrediet te brengen door zijn lage sociale status te benadrukken.

Ondertussen trouwt David met Lucien's zus, Eve.

Er gaan geruchten over de relatie tussen Lucien en Louise, die haar man vraagt een van mannen achter dit gerucht uit te dagen voor een duel. Dit heeft tot gevolg dat M. de Bargeton gewond raakt, waardoor hij zich gedwongen ziet zich terug te trekken in zijn landhuis om te herstellen. Louise maakt van deze gelegenheid gebruik om met Lucien naar Parijs te vluchten, waar ze hoopt hem te introduceren in de Parijse high society en hem te helpen echt succes te vinden in de literaire wereld.

DEEL 2: EEN GEDISTINGEERDE PROVINCIAAL IN PARIJS

Na hun aankomst in Parijs begint de genegenheid van de twee geliefden voor elkaar af te nemen, omdat ze elkaar beginnen te vergelijken met de mannen en vrouwen van de Parijse society en deze in vergelijking daarmee ontoereikend vinden. Wanneer Louise tijd begint door te brengen met haar nicht Mme d'Espard, beseft ze dat ze nooit serieus zal worden genomen zolang ze bij Lucien blijft, wat ertoe leidt dat de twee uit elkaar gaan.

Lucien blijft ook teleurgesteld achter door het besef dat een succesvol dichter worden in Parijs veel moeilijker zal zijn dan hij dacht. Hij komt in contact met een groep intellectuelen uit verschillende vakgebieden en gaat deel uitmaken van hun sociale kring, wat hem een bron van motivatie voor zijn werk oplevert. Later ontmoet hij Etienne Lousteau, een jonge journalist die besluit Lucien onder zijn hoede te nemen en hem te helpen vaste voet te krijgen in de journalistieke wereld. De andere vrienden van Lucien waarschuwen hem echter voor deze carrière en ze groeien geleidelijk uit elkaar.

Luciens carrière als journalist is aanvankelijk zeer succesvol, want Etienne bezorgt hem een positie als theater- en literatuurcriticus en introduceert hem in de wereld van de uitgeverij en het theater. Hij helpt Lucien ook om een eigen dichtbundel en zijn eerste roman te publiceren. Wanneer hij hoort van Lucien's vroegere relatie met Louise de Bargeton, stelt Etienne voor dat Lucien wraak neemt door satirische publiceren over Mme. d'Espard en haar vrienden.

Kort daarna ontmoet Lucien de jonge actrice Coralie, de minnares van de rijke koopman M. Camusot. Lucien begint al snel een affaire met Coralie, wat voor hem het begin is van een periode van groot persoonlijk en professioneel succes. Helaas stijgt zijn geluk hem al snel naar het hoofd en zijn pogingen om verder te komen in de Parijse maatschappij leiden tot enorme schulden. Zijn collega's worden ook steeds jaloerser op zijn succes en hebben genoeg van zijn briljante maar scherpe artikelen, en verleiden hem tot het maken van enkele slechte beroepskeuzes, zoals het aannemen van een baan bij een concurrerende krant van de krant waar zijn voormalige vrienden werken. Dit vernietigt zijn relatie met hen voorgoed, en hun hogere sociale status stelt hen in staat zijn reputatie volledig te ruïneren en hem volledig van de maatschappij af te sluiten. Hij kan niemand meer vinden die zijn artikelen wil publiceren, hij krijgt geen speciale behandeling meer in het theater en de verkoop van zijn boeken loopt dramatisch terug, waardoor hij zijn schulden niet meer kan afbetalen. Ook zijn poging om wraak te nemen op Mme de Bargeton achtervolgt hem, omdat hij zijn bruggen naar de adel heeft verbrand en geen steun meer vindt uit die hoek. Hij is zo wanhopig dat hij uiteindelijk meerdere leningen op naam van David afsluit.

Coralie wordt ziek en sterft plotseling, zodat Lucien eer deel van het geleende geld gebruikt haar begrafenis te betalen. Hij beseft dat hij geen vrienden, geen geld en geen vooruitzichten heeft en besluit terug te keren naar zijn geboortestad.

DEEL 3: EVA EN DAVID

Wanneer hij terugkeert, ontdekt Lucien dat zijn acties Eve en David in de financiële afgrond hebben gestort, omdat ze worden achtervolgd door incassobureaus die eisen dat David het geld terugbetaalt dat Lucien heeft geleend.

Sinds het vertrek van Lucien is Davids belangstelling voor de drukkerij enigszins afgenomen, omdat hij zich met volle overgave stort op het onderzoek naar nieuwe methoden voor de fabricage van papier. Eve is echter voltijds bij de drukkerij gaan werken toen ze merkte dat het bedrijf begon te mislukken, en ze is erin geslaagd het bedrijf volledig om te vormen. Dit heeft echter de aandacht getrokken van de gebroeders Cointet, die de grootste drukpers in de regio bezitten en Davids enige zakelijke rivalen zijn. Zij zijn verontrust door het besef dat de Sechard-pers snel succesvoller wordt dankzij Eva's zakelijk inzicht, en besluiten hun toevlucht te nemen tot slinkse tactieken om het bedrijf te saboteren door een van Davids werknemers uit te kopen in een poging te ontdekken wat hij probeert uit te vinden.

De gebroeders Cointet komen in het bezit van de door Lucien vervalste promesses en beginnen te eisen dat de Sechards hun schuld betalen. Met de hulp van een advocaat slagen ze er zelfs in David in de schuldenaarsgevangenis te krijgen, waarna ze aanbieden de Sechard drukpers en het patent op zijn uitvinding te kopen. Dit zou zijn schulden kwijtschelden en hem de financiële middelen geven om te overleven.

Lucien probeert zijn vriend en zijn zus te helpen, maar kan niets uitrichten. Nadat David is gearresteerd besluit hij opnieuw te vluchten, en laat een zelfmoordbrief achter die zijn zus moet vinden. Wanneer hij op weg gaat heeft hij echter een toevallige ontmoeting met een Jezuïetenpriester, genaamd Abbe Carlos Herrera, die aanbiedt Lucien mee te nemen naar Parijs als zijn persoonlijke secretaris. Lucien is geïntrigeerd, en loopt een eind met hem mee voordat hij uiteindelijk instemt met het voorstel van de priester, waarop deze belooft geld naar Eve te sturen. In het vervolg *A Harlot High and Low wordt* echter onthuld dat deze "priester" niet is wie hij zegt dat hij is: zijn ware identiteit is Vautrin, een crimineel meesterbrein dat ook voorkomt in een aantal andere werken van Balzac, waaronder *Father Goriot*.

Eve en David nemen het aanbod van de Cointets aan en verhuizen naar het land van Davids vader, waar ze een klein huis met een wijngaard kopen. Ze erven ook het land na de dood van Davids vader, waardoor ze over voldoende middelen beschikken om comfortabel te leven. Ondertussen verdienen de gebroeders Cointet een fortuin aan Davids uitvinding, die een revolutie in de drukkerij-industrie teweegbrengt, maar David kan niet profiteren van de vruchten van zijn arbeid omdat hij heeft besloten het octrooi te verkopen.

KARAKTERSTUDIE

LUCIEN CHARDON

Lucien is een van de twee hoofdpersonen van het boek. Hij is geboren in de arme wijk van Angoulême, en aan het begin van de roman is hij een jonge dichter die ernaar verlangt een beroemd schrijver te worden. Nadat hij zijn hele leven door zijn moeder en zus is vertroeteld en door zijn beste vriend voortdurend is gecomplimenteerd, is Lucien extreem egocentrisch geworden. Zijn mooie uiterlijk opent vele deuren voor hem, maar het feit dat hij alleen op zijn aantrekkelijkheid vertrouwt om zich in de wereld te redden, keert zich vaak tegen hem. Zijn verlangen naar erkenning drijft hem ertoe de aristocratische meisjesnaam van zijn moeder, "de Rubempre", aan te nemen, en zijn fascinatie voor de extravagantie van de Parijse feesten waarvoor hij wordt uitgenodigd, brengt hem ertoe enorme schulden te maken in een poging de decadente levensstijl van zijn vrienden te kopiëren. Hij is een dromer en nogal lui, en kiest de makkelijke weg naar succes door journalist te worden in plaats van verder te werken aan zijn poëzie en zijn roman.

DAVID SECHARD

Davis is het andere hoofdpersonage van de roman. Deze idealistische jonge uitvinder belandt in de schulden nadat hij de drukpers van zijn vader heeft gekocht, en is vastbesloten een nieuwe methode voor de fabricage van papier uit te vinden die een revolutie in de grafische industrie teweeg zal brengen. Hij is hopeloos verliefd op Eve en volkomen loyaal aan Lucien; hij stemt er zelfs mee in de avonturen van zijn vriend in Parijs te financieren, wat hem uiteindelijk in ernstige financiële moeilijkheden brengt. Na zijn huwelijk met Eve laat hij de dagelijkse leiding van de drukpers geleidelijk aan aan haar over, zodat hij meer tijd kan besteden aan zijn onderzoek naar papierproductie. Hij is fundamenteel eerlijk en vriendelijk, en is geliefd bij zijn werknemers. Geld interesseert hem niet, en hij besluit de rechten op zijn uitvinding op te geven om een stabiel leven voor zijn gezin op te bouwen.

EVE CHARDON

Eve is de zus van Lucien en belichaamt zowel kracht als zachtheid. Aan het begin van de roman wijdt zij haar hele leven aan het succes en geluk van Lucien, maar haar prioriteiten veranderen nadat Lucien naar Parijs en zij trouwt. Vanaf dat moment stort ze zich met hart en ziel op het succes van het familiebedrijf, terwijl ze probeert haar verantwoordelijkheden als moeder en haar taken als manager van de drukpers met elkaar in evenwicht brengen. Dankzij haar sluwheid en intelligentie slaagt ze erin de financiën van het bedrijf te saneren, maar haar rivalen weten haar toch te slim af te zijn.

D'ARTHEZ

Daniel d'Arthez is een jonge intellectueel en behoort tot een kring van jonge denkers die bekend staat als het *cenakel*. Hij is de eerste vriend van Lucien in Parijs, en waarschuwt hem voor de journalistieke wereld en de verleidingen van het leven in de hoofdstad, maar moedigt hem ook aan om te blijven schrijven; hij voorspelt zelfs terecht dat als Lucien journalist wordt, dit tot zijn ondergang zal leiden. Hij opent ook Eve's ogen voor de ware aard van haar broer, maar hij blijft Lucien trouw, zelfs nadat deze hem verraden heeft door journalist te worden.

ETIENNE LOUSTEAU

Etienne is een sluw en cynisch persoon die de wereld van de journalistiek vertegenwoordigt en de ongebreidelde hypocrisie daarin belichaamt. Wanneer hij beseft dat Lucien zijn eigen carrière zou kunnen bevorderen, begint hij hem onmiddellijk voor te stellen aan zijn journalistieke vrienden en superieuren. Hij aarzelt echter niet om Lucien te verraden wanneer hij beseft dat diens succes zijn eigen vooruitzichten kan schaden, en is gedeeltelijk verantwoordelijk voor de ondergang van Lucien.

MME. DE BARGETON

Louise de Bargeton is de onbetwiste koningin van de high society in Angoulême, en wordt al vroeg in de roman zowel Luciens beschermheer als zijn eerste liefde. Wanneer het leven in Angoulême haar begint te vervelen, besluit ze naar Parijs te reizen om haar nicht, Mme d'Espard, op te zoeken en stelt voor dat Lucien haar vergezelt zodat zij hem kan introduceren in de Parijse high society en hem kan helpen een succesvol dichter te worden. De magie vervaagt echter snel wanneer ze in de Franse hoofdstad aankomen, omdat ze zich realiseert dat het onderhouden van een affaire met een arme jonge dichter van het platteland haar voor gek zet. Haar ijdelheid drijft haar er uiteindelijk toe haar relatie met Lucien te beëindigen om haar eigen sociale status te beschermen.

CORALIE

Coralie is de tweede liefde van Luciens leven. Zij is een 16-jarige actrice die de minnares is van een rijke koopman, maar zij beëindigt haar affaire met hem vanwege haar hartstochtelijke liefde voor Lucien. Zij sterft echter enkele maanden later, verpletterd door de schulden die zij en Lucien hebben opgelopen door hun luxueuze levensstijl en het gekibbel in het theater.

BARON SIXTE DU CHATELET

Chatelet is een aristocraat en dandy die vaak in Angoulême verblijft. Voordat Lucien op het toneel verschijnt, probeert hij Mme de Bargeton te verleiden in de hoop haar fortuin in handen te krijgen, waardoor een rivaliteit tussen de twee mannen ontstaat. Nadat Lucien's relatie met Louise is beëindigd, beginnen hij en zijn journalistieke vrienden Chatelet in de pers te belasteren. Wanneer Lucien terugkeert naar Angoulême, verneemt hij dat de Baron getrouwd is met Mme de Bargeton.

ANALYSE

EEN REALISTISCHE ROMAN

Met het schrijven van deze roman wilde Balzac een zo volledig en realistisch mogelijk beeld schetsen van de literaire wereld van zijn tijd en alle verschillende beroepen die daarbij hoorden. De roman staat dan ook vol met lange, minutieus gedetailleerde beschrijvingen van zowel de praktische als de intellectuele aspecten van elk beroep, zodat de lezer zich een levendig kan vormen van object en dat hij beschrijft. Voorbeelden van deze passages zijn de beschrijvingen van de drukpers van David Sechard, de verschillende boekhandels die in de loop van de roman verschijnen en het restaurant Flicoteaux's, waar de jonge schrijvers samenkomen. Balzac streeft er ook naar de sfeer van elk van deze locaties weer te geven, en probeert ze nog realistischer te laten lijken door verschillende echte plaatsen af te beelden en een aantal echte personen als personages op te nemen: zo verschijnt de Franse schrijver en politicus Benjamin Constant (1767-1830) in de boekhandel van Dauriat.

Om dit effect te bereiken deed Balzac nauwgezet onderzoek: hij bezocht zelfs Angoulême om ervoor te zorgen dat zijn beschrijvingen van de stad en de reizen van de personages er doorheen zo levensecht mogelijk waren. Als zijn geheugen hem in de steek liet met betrekking tot een bepaald detail, aarzelde hij niet om iemand uit de buurt te vragen om de juistheid van wat hij had geschreven te bevestigen.

Balzac gebruikte het realistische karakter van de roman ook om een vernietigende kritiek te leveren op de journalistieke wereld, waarbij hij zich liet inspireren door zijn eigen ervaringen op dat gebied. Eerder in zijn carrière had Balzac gewerkt als schrijver voor een liberale krant en vervolgens voor een Legitimistische krant (Legitimisten waren een royalistische factie die de aanspraak van de oudste tak van de Bourbondynastie op de Franse troon steunde), waardoor hij goed bekend raakte met de rivaliteit, de machinaties en de interne werking van de journalistiek, en er uiteindelijk een afkeer van kreeg. Bovendien werden verschillende van zijn romans fel bekritiseerd door de pers, wat hem nog meer tegen het vak deed keren en vermoedelijk van invloed was op zijn besluit om het in deze roman zo ongunstig af te schilderen. Hij was echter ook bezorgd over de macht van de journalisten van zijn tijd, die de vrijheid van meningsuiting konden gebruiken als voorwendsel om iemands carrière te lanceren of te ruïneren en de publieke opinie naar eigen goeddunken konden manipuleren. Balzac wilde deze praktijken veroordelen door te wijzen op de hypocrisie en corruptie die op dit gebied heersten, wat hij in *Verloren illusies* illustreert door de listen die Lousteau gebruikt om hoofdredacteur te worden en de manier waarop de journalisten actrices en de theaterwereld in het algemeen behandelen: in de roman zijn veel actrices de minnaressen van rijke mannen, en gebruiken ze het geld van hun minnaars om journalisten om te kopen om lovende recensies over hun werk op het toneel te schrijven. Ten slotte benadrukt Balzac ook het doelgerichte karakter van hun werk door zijn beschrijving van Luciens op Mme de Bargeton, die bestaat uit het publiceren van satirische artikelen over haar die haar tot het lachertje van heel Parijs maken.

EEN ROMAN VAN CONTRASTEN

In de kern is *Verloren illusies* een roman gebouwd op contrasten, wat zelfs te zien is in de vertelstructuur: Deel 1 richt zich op het leven op het platteland, terwijl deel 2 het leven in Parijs beschrijft; evenzo draait deel 2 om het leven van Lucien, terwijl David in deel 3 centraal staat.

Er zijn nog veel meer voorbeelden van oppositie in de roman:

- **Instellingen:** Parijs, dat symbool staat voor vernieuwing en moderniteit, staat tegenover het platteland, waar conservatisme bloeit en geen plaats is voor kunst.

- **Sectoren van de samenleving:** de wereld van de journalistiek, die gecorrumpeerd is door het verlangen naar macht, erkenning en rijkdom, staat tegenover de meer intellectuele wereld van het *cenakel*, waar artistieke verdienste belangrijker is dan financieel gewin. Evenzo worden de aristocraten van Angoulême afgezet tegen de kleine bourgeoisie van L'Houmeau.

- **Personages:** elk van de personages heeft een tegenpool, die zowel qua uiterlijk als qua persoonlijkheid totaal anders is. Verschillende personages kunnen zelfs tegenover meerdere anderen staan, afhankelijk van de eigenschap in kwestie:

  - Luciens schoonheid wordt vaak beschreven als vrouwelijk, terwijl David gedrongen is;

  - Lucien is egoïstisch en ambitieus, terwijl David onbaatzuchtig en gereserveerd is;

- Het succes van Coralie is te danken aan haar talent, terwijl Florine achterbakse tactieken gebruikt om aan de top te komen;

- Coralie is jong, terwijl Louise ouder is;

- Lousteau is huichelachtig en neemt het zekere voor het onzekere om meer geld te verdienen, terwijl d'Arthez hard werkt en eerlijk is; enz.

Deze tegenstellingen zijn voortdurend aanwezig in de roman tot het einde, wanneer Lucien's verlangen naar succes en erkenning tot elke prijs hem ertoe brengt terug te keren naar Parijs, ellendig en alleen, zonder toekomstplannen, terwijl David en Eve, die hun dromen van succes hebben opgegeven, een eenvoudig maar gelukkig leven leiden op het platteland bij Angoulême, veilig voor de dreiging van armoede.

EEN GROTENDEELS AUTOBIOGRAFISCH VERHAAL

La Comédie Humaine was grotendeels geïnspireerd door Balzacs eigen leven en dat van zijn vrienden en kennissen, en *Verloren illusies is* een van de meest autobiografische romans uit de hele reeks. In deze roman weerspiegelen de worstelingen van de verschillende personages zijn eigen reis naar het punt dat hij had bereikt toen hij het boek schreef. Bovendien lijkt de relatie tussen David en Lucien zowel zijn persoonlijke opvatting over platonische liefde en loyaliteit als zijn eigen vriendschap met Jules Sandeau (Franse schrijver, 1811-1883) te weerspiegelen.

Veel van de autobiografische elementen van de roman worden geassocieerd met een of beide hoofdpersonen, hoewel een aantal secundaire personages ook bepaalde fysieke of psychologische kenmerken met Balzac gemeen hebben. Zo lijkt de beschrijving van Davids fysieke verschijning sterk op die van Balzac, en zijn besluit om te proberen in de voetsporen van zijn vader te treden en de kost te verdienen als drukker, weerspiegelt Balzacs eigen leven. Bovendien slaagt David erin een nieuwe methode uit te vinden om papier te produceren, wat ook een van Balzacs dromen was, hoewel die nooit is uitgekomen. Ten slotte is de beschrijving van Davids drukpers gebaseerd op de pers in de Rue Visconti die Balzac bezat.

Omgekeerd vertegenwoordigt Lucien veel van de gebreken van de schrijver, met name zijn ijdelheid en ambitie. Net als Lucien kwam Balzac als jonge dichter naar Parijs op zoek naar roem en fortuin, en dit verband wordt nog benadrukt door het feit dat Balzac gedichten die hij in zijn eigen jeugd had geschreven, gebruikt om Luciens poëzie voor te stellen. Bovendien pleit Lucien in een debat met zijn journalistieke vrienden voor de ideeën die Balzac in die tijd ook aanhing. Tenslotte is Luciens affaire met Mme de Bargeton grotendeels geïnspireerd op zijn eigen ervaringen met oudere vrouwen.

Maar ook al bevat de roman veel autobiografische elementen, het is eigenlijk geen autobiografie van Balzac, maar een volledig apart werk van fictie.

BALZACIAANSE PERSONAGES

Net als in de andere romans van *La Comédie Humaine kunnen* de personages van *Verloren illusies* worden omschreven als "Balzaciaans". Allereerst is het belangrijk op te merken dat Balzacs romans bevolkt worden door twee verschillende soorten personages:

- **"Portretten"**, waarvan het uiterlijk en de persoonlijkheid zeer gedetailleerd worden beschreven, en waarvan de karaktereigenschappen vaak worden overdreven. Alle hoofdpersonen van *Verloren Illusies vallen* in deze categorie, evenals Davids vader, die een oude, inhalige dronkaard is.

- **"Figurines"**, die meestal deel uitmaken van een grotere groep. Hoewel de individuele personages in deze groep relatief weinig gedetailleerd worden beschreven, maakt hun aanwezigheid in de roman waartoe zij behoren meer onderscheidend. Bijvoorbeeld, de aristocraten die de salon van Mme de Bargeton bezoeken behoren tot deze categorie.

De meeste personages van Balzac vertonen enige gelijkenis met hemzelf, en hij vulde ze dan aan door fysieke of persoonlijkheidskenmerken toe te voegen van mensen die hij kende, om zo een zogenaamd "samengesteld portret" te creëren. Zo wordt algemeen aangenomen dat het personage van Mlle Touches in *Lost Illusions* is geïnspireerd op Balzacs vriend George Sand (Franse schrijver, 1804-1876). Balzac probeerde de persoonlijkheid van zijn personages zo universeel mogelijk te maken, zodat hij ze kon gebruiken om een heel deel van de bevolking vertegenwoordigen.

Bij de opbouw van zijn personages was Balzac er vooral in geïnteresseerd hen een interessante rol te geven die in de loop van de roman kon evolueren en deel kon worden van het grotere geheel dat hij creëerde: zo lijkt Mme de Bargeton bijna belachelijk als ze in Angoulême is, omdat haar manieren haar onderscheiden van de rest van de provinciale samenleving en ze zich daar niet kan ontplooien; haar karakter krijgt echter meer diepgang als ze naar Parijs verhuist.

PARIJS ALS CENTRUM VAN DE LITERAIRE WERELD

Zoals gezegd worden Parijs en het platteland in *Verloren Illusies* als tegenpolen gepresenteerd. Dit geldt met name voor de beschrijving van de Franstalige literaire wereld in de roman, want in die periode werd geen enkel literair werk als echt "Frans" beschouwd als het niet in Parijs was geschreven, het centrale punt van boekhandelaren, drukpersen, critici en auteurs. Zo werd elke auteur die buiten de hoofdstad woonde en zijn werk wilde publiceren automatisch bestempeld als een regionale auteur en niet als een Franse auteur, ook al woonde hij maar enkele tientallen kilometers buiten de stad. Daarom trokken veel schrijvers naar Parijs in de hoop daar een succesvolle literaire carrière te beginnen, zoals Lucien doet in *Verloren illusies*. Provinciale schrijvers moesten ondertussen in zogenaamde "nichemarkten" werken om succes te hebben, zoals bijvoorbeeld de Belgische symbolisten.

Dit concept van een "literair centrum" is echter typisch Frans, en heeft geen direct equivalent in andere literaire culturen in de wereld.

VERDERE REFLECTIE

ENKELE VRAGEN OM OVER NA TE DENKEN...

- Waarom raden de leden van het *cenakel* Lucien af zich met journalistiek in te laten? Zijn hun voorspellingen juist? Waarom?

- In welke subcategorie van *La Comédie Humaine valt* deze roman? Waarom? Leg je antwoord uit.

- Waarom introduceert Balzac elementen van andere genres in zijn werk? Wat is zijn doel daarmee?

- Waarom zou je kunnen zeggen dat het einde van deze roman een morele les bevat? Wat is dat? Leg je antwoord uit.

- Balzac gebruikt veel beschrijving in deze roman. Waarom doet hij dat? Licht je antwoord toe aan de hand van fragmenten uit de tekst.

- Denk je dat deze roman gemakkelijk bewerkt kan worden voor het theater? Waarom of waarom niet?

- Hoe schildert Balzac de wereld van de journalistiek?

- Aan het begin van de avonturen van de twee geliefden in Parijs schrijft Balzac: "In Mme de Bargeton en in Lucien was een proces van ontgoocheling aan de gang; Parijs was de oorzaak". Wat bedoelt hij hiermee? Leg uw antwoord uit.

- Nu je bekend bent met Lucien's karakter, stel je voor wat er met hem zou kunnen gebeuren in *A Harlot High and Low*.

VERDER LEZEN

REFERENTIE-UITGAVE

Balzac, H. (2004) *Verloren illusies* Trans. Huwelijk, E. [Online]. Urbana: Project Gutenberg. [Accessed 27 July 2018]. Beschikbaar via: < http://www.gutenberg.org/ebooks/13159>